Landleben vor 100 Jahren
Bauern, Knechte, Sommerfrischler

Bilder und Texte von Dr. Karl Kaser
V. F. Sammler

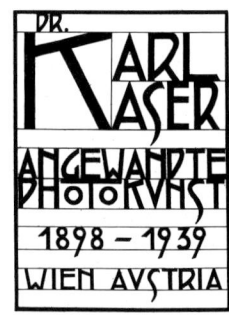

DR. KARL KASER
ANGEWANDTE PHOTOKVNST
1898 – 1939
WIEN AVSTRIA

ISBN 978-3-85365-245-9

Satz u. Gestaltung: Georg Kaser, http://yourwebdesigner.at
Druck: Druckerei Theiss GmbH, 9431 St. Stefan, www.theiss.at

Vorwort

Als typischer Vertreter der angewandten Photokunst reiht sich Dr. Karl Kaser in die Reihe der großen österreichischen Photographen der Jahrhundertwende ein. Das Besondere an den mannigfachen Ehrungen, die ihm zuteil wurden, liegt in der Tatsache begründet, daß alle seine Arbeiten unter dem Titel „künstlerische Photographie" ausgezeichnet wurden. Auf Grund seiner literarischen Interessen, die Höhen und Tiefen des „Welttheaters" zu interpretieren, betrachtete er das Photographieren als verlängerte Sinnsuche mit der Kamera. Das Photo wird somit zur Metapher, manchmal bewußt verklärt, selten überzeichnet. Als photographischer Zeitmeister verschreibt er sich der Zeitlosigkeit, erhebt die Ästhetik zum bedingungslosen Postulat, erkennt aus seiner intellektuellen und emotionalen Tiefe heraus „die Rhythmik der situationsgebunden Zeit". Dadurch entstehen Freiräume, die den Betrachter ansprechen, die ihm Anknüpfungspunkte auf verschiedenen Ebenen ermöglichen. Es ist wohl gerade diese dichterische Disposition als Grundlage seines Photographierens, die den Betrachter spüren läßt, daß ein poetischer Faden die unterschiedlichsten Inhalte und Motive verbindet. Diese bildliche Kontinuität schafft ihre Kraft aus der Illusion der „authentischen Ordnung der Dinge", welche Sehnsucht „nach" und Vertrautheit „mit" beinhaltet. Stellen profane Sinnlichkeit und ästhetisch-poetische Qualität ein Gegensatzpaar dar, so hat sich Dr. Kaser klar für die zweite Möglichkeit entschieden. Folgerichtig unterliegt seine Bildästhetik einer Radikalität, welche die ver- und erklärende „Selbstverständlichkeit des Lebens" offenbart.

So kompromißlos Dr. Karl Kaser zeit seines Lebens den schönen Künsten – man könnte ihn wohl als späten Protagonisten der Romantik betrachten – zugetan war, so engagiert hat sein Enkel Hermann Kaser unter schwierigsten Umständen diesen photographischen Schatz gehoben, ihm die liebende Pflege des Konservators zuteil werden lassen und ihn in Form dieses Buches gelungen arrangiert.

Somit darf ich dem Leser nur noch eines wünschen: ein großes Maß an innehaltender Muße, der man sich ohne Vorbedingung genußvoll hingeben kann, die uns mit der Intensität des Augenblicks beschenkt.

Klaus Markovits, Buchautor „Tiroler Bauernhöfe"

Am Ruheplatz

„Der Sommergast ruht im kühlen Waldesschatten friedlich aus von der beruflichen Beschäftigung, schaut den Landleuten bei ihrer anstrengenden Arbeit zu und beschränkt seine Tätigkeit auf angefangene Stickereien, die niemals fertig werden, und auf wenig geistreiche Kartenspiele.
Er pflückt Blumen, wiegt sich im Kahn auf ruhigem Wasser, fischt, ohne etwas zu fangen, nimmt Sonnenbäder und steigt auch hie und da ins Wasser, wartet auf die Zeitungen, fürchtet sich vor Gewittern, erkundigt sich nach den neuen Ankömmlingen und verbringt die übrige Zeit mit Essen, Trinken und mit dem Nachdenken, was er allemal beginnen soll."

Dr. Karl Kaser

In Dürnstein

Pritschlerei

„Ein Wässerlein in grüner Au,
Darob der Himmel hell und blau,
Ringsum ein dichter Weidenkranz
Und mitten drin` der Wellen Tanz.
Welch` herrliche Gelegenheit,
Von Ärger, Plag` und Klatsch befreit,
Die Arbeitswoche zu beschließen
Und frohe Stunden zu genießen; –
Im Kreis vergnügter Zeitgenossen
Zu treiben Schabernack und Possen
Und nur vom Reiz Natur umwoben
Im Freiheitsrausch sich auszutoben!"

Dr. Karl Kaser

Bad in der Au

Herbst

„Wilde Nordweststürme jagen ins Land und der feuchte Nebelodem wird zu Eis.
Was sich in lebensdürstender Begierde noch der späten Wärme des Herbstes entrungen hat, muß sein kurzes
Leben lassen, und was in zäher Lebenskraft noch festgeklammert am Gezweige hing, muß in das große
Grab versinken.
Starr wird das schmiegsame Pflanzengewebe, steif der Rasen und brüchig das zähe Geäst im Hauche des Reifes!"

Dr. Karl Kaser

Bei Kierling

Waldeszauber

„Die Geschicke unseres Volkes waren seit jeher mit dem Walde auf das Innigste verbunden. Schon in grauer Vorzeit opferten die Deutschen im Banne der heiligen Wälder ihren Göttern. In ununterbrochener Folge erfüllten dann die Geheimnisse des Waldes das Gemüt des Volkes und beeinflußten sein Leben in unglaublichem Maße. Als begeisterte Naturfreunde huldigen wir noch heute der unermeßlichen Schöpferkraft des Waldes und bewundern seine immerwährende Umgestaltung, die uns im kleinen Abschnitte eines Jahres unser eigenes Geschick erschütternd vor Augen führt.

Das Werden und Blühen des Lenzes, die Lebensfülle des Sommers, der Verfall des Herbstes und das Sterben des Winters."

Dr. Karl Kaser

Waldandacht bei Weidlingau

Autopanne

„Der große Nebenbuhler des Fahrrades ist das Auto. Durch seine wuchtige Masse und hohe Geschwindigkeit ist das Fahrrad überhaupt nicht auf der Welt und hat zu verschwinden.

Die Lage ändert sich augenblicklich, wenn ein Schaden an der Maschine oder an der Bereifung das rasende Gefährt zur Ruhe zwingt.

Eine Panne ist immer der Todfeind des Autofahrers, vor der er sich mit verbissenem Ingrimm wenigstens augenblicklich besiegt erklären muß."

Dr. Karl Kaser

Panne bei Eisenstadt

Nachfrühling

„Die Welt wird schöner jeden Tag, das Blühen will nicht enden.
Bäume und Sträucher wetteifern im leuchtenden Blätterschmuck, Buchen und Birken stehen in voller Belaubung, und nur die Eiche zögert noch mit ihrem Laubgewebe.
Die ahnungsvolle Nachtigall, im dichten Busch geborgen, schluchzt ihr schwermutsvolles Lied vom nahen Abschied des Lenzes, der eines wonnesamen Todes stirbt in blühender Herrlichkeit."

Dr. Karl Kaser

Blumenkinder bei Gaaden

Reisevorbereitung

„Jedermann muß schon beizeiten
Größre Reisen vorbereiten,
Wenn das Glück ihm, pflichtvergessen,
Wenig Mammon zugemessen.
Vorerst muß er emsig sparen
Und Genügsamkeit bewahren,
Muß dann hin und wieder laufen,
Reisesachen einzukaufen,
Pläne schmieden, Urlaub schinden,
Abfahrtszeit und Zug ergründen,
Karten lösen und sich placken,
mit dem Sack- und Kofferpacken.
Trotzdem fühlt er sich untrüglich
Samt Familie höchst vergnüglich,
Denn des Glückes Hauptbedeutung,
Liegt ja in der Vorbereitung.“

Dr. Karl Kaser

Bahnhof Payerbach

Feierstunde im Ottohaus

„Das Wohlgefallen an den Bergen und der lockende Genuss der schönen Aussicht ist der Grund, der die meisten in das Schutzhaus führt und sie dort Unterkunft und Labung suchen läßt. Unverbesserliche Spieler aber lassen auch hier das Kartendreschen nicht. Die den Berggeistern gewidmeten Räume widerhallen oft genug von Soloruf und Kontrageschrei und manch kühner Felsenrecke muß sich einen Patzer nennen lassen in dem Reiche, wo er sich sonst als unerreichter Meister fühlt."

Dr. Karl Kaser

V. l. n. r. Sitzend die Burgschauspieler: Viktor Kutschera geb. 1863 in Wien
Lachend mit Karten: Theodor Weiß geb. 1857 in Brünn
Von der Seite: Robert Balajthy geb. 1860 in Wien
Dahinter halb verdeckt: Der Hotelier und Hüttenpächter Camillo Kronich, geb. 1876
Die stehende Person und der Mann mit Vollbart sind unbekannt.

Skigelände

„Der Winter ist ihm nicht mehr der harte Mann, sondern der gute Freund, der ihm die seeligsten Freuden spendet und Gesundheit und Abhärtung vermittelt.
Die langen Hölzer, die uns der nordische Bruder geschenkt, haben bei jung und alt erst die Sehnsucht nach den reinen, weißen Tagen auf den winterlichen Gefilden und den Drang nach ihrer Beherrschung geweckt und uns die Herrlichkeiten der winterlichen Landschaft zugänglich gemacht.“

Dr. Karl Kaser

Skifahrer beim Ottohaus

Weichtalriesen am Schneeberg

Eine Riese ist eine aus Holz hergestellte Rinne, meist in geneigter Lage am Berghang angelegt, um das geschlagene Holz, welches sonst nicht abtransportiert werden kann, durch seine eigene Schwere hinuntergleiten zu lassen. Mit Winterbeginn ist die Zeit gekommen, in der die Baumstämme und Scheiter auf starken Bockschlitten abgefahren werden – eine äußerst mühevolle und gefährliche Arbeit, die früher vielen Holzknechten das Leben gekostet hat. Bei trockenem Wetter musste die Riese aber gewässert werden, sonst wäre das Holz einfach liegengeblieben.

Riesen im Weichtal am Schneeberg

Winternebel

„Die Sonne wird blind, immer dunkler wird der Tag, und die Düsterzeit beginnt.
Ein bleierner Himmel wölbt sich über der Erde, der Morgendunst hängt unbeweglich über den vereinsamten Forsten und verdichtet sich zu undurchdringlichem Nebel. Die kahlen Wipfel triefen und weinen blinkende Tropfen.
Ein feuchter Vorhang verbirgt die verblichene Waldesherrlichkeit und die entlaubten Bäume verschwimmen im ungewissen Grau.“

Dr. Karl Kaser

Puchberger Bahnhof

Denkmalweihe in Wenigzell 1927

„Am Fest zu früher Stunde
Erschallt als Morgengruß
Aus erznem Pöllerschlunde
Betäubend Schuß auf Schuß.
Die Kirchenglocken tönen,
Der großen Trommel Klang.
Trompetenstöße dröhnen,
Und der Oboe Sang.
Da gibt es auch zu hören,
Der Klänge allerhand,
Geknatter aus Gewehren
Und Reden kernig stramm."

Dr. Karl Kaser

Einweihung des Kernstockdenkmals (9. Oktober 1927)

Überschwemmte Waldstraße

„Vom Hange strömen die Quellen und vom Eise befreit schwillt der Waldbach zum Wildwasser.
Die lehmigen Wellen treten aus den Ufern und überschwemmen den sumpfigen Auwald und drängen sich schäumend durch die Enge, die Waldstraße überflutend.
Ihre Bewegung wird zur gestaltenden Kraft, welche in unermüdlicher Arbeit eigene Wege baut."

Dr. Karl Kaser

Fuhrwerk auf der Straße nach Bruck

Das Bürgermeisterhaus

Das Haus wurde 1448, als das ganze Land noch Rodungsgebiet war, erbaut. Die heutige Besitzerfamilie Gaulhofer, aus Strahlegg stammend, erwarb das Haus 1903. Deren Sohn Josef war 30 Jahre Bürgermeister von Wenigzell und in seiner Amtszeit wurde auch das Kernstockdenkmal errichtet.

Im April 1945 brannte das Haus bei den letzten Kampfhandlungen ab, wurde aber sofort wieder aufgebaut. Auch das Joanneum bewahrt Ansichten dieses bemerkenswerten Hauses auf.

Das haubenartige, im Winter warme und im Sommer kühle Strohdach wurde aus besonders langem Kornstroh hergestellt. Es hielt bis zu 40 Jahre.

Erneuert wurde es streifenweise. So musste man jedes Jahr nur einen kleinen Teil des Daches ersetzen.

Bürgermeisterhaus in Wenigzell

Skifahren bei Grubegg

„In der Winterszeit sieht man die Freunde der Natur aus den dunstigen Gemäuern der Stadt hinaus eilen in die reine strahlende Luft der schneebedeckten Berge, um die von Wohlleben und Winterfaulheit steifen Glieder emsig zu regen, sei es im beschwerlichen Gange durch frischen Schnee, sei es im flüchtigen Gleiten auf langen Brettern, die die Welt bedeuten."

Dr. Karl Kaser

Skifahrer bei Mitterndorf

Wagrain

„Wenn man des Reisens müde ist und doch die Unrast der Stadt vermeiden will, macht man sich eine Zeit am Land seßhaft.

Im Sommer gehört der sogenannte bessere Mensch schon nach den Gesetzen der Mode in eine Sommerfrische, sonst zählt er nicht mit und wird über die Achsel angesehen.

Ansonsten besteht der Unterschied von dem gewohnten Dasein darin, daß jede Berufsbeschäftigung bis auf das Studium der Börsenachrichten ängstlich gemieden wird und daß sich das Leben statt zwischen hohen Mauern im Angesichte herrlicher Landschaften mit Bergen, Seen und Gletschern abspielt.“

Dr. Karl Kaser

In Wagrein

Eisenbahn

„Weil für Kutscher, Roß und Wagen
Kaum die Kosten heut zu tragen,
Gibt es für die breiten Massen
Bahnen schon neben den Straßen,
Welche Menschen nach Belieben
Aus der Stadt hinaus verschieben.
Freilich ist es keine Wonne
Wie der Hering in der Tonne
Unter Tritt- und Druckbeschwerden
Hin- und hergeschupft zu werden.
Doch weil kurz nur solches Fahren,
Mancher Groschen auch zu sparen,
Fügt man sich mit Weh und Ach
Schließlich in das Ungemach."

Dr. Karl Kaser

Bahnhof in Franzensfeste

Waldsee

„Mögen die Fluren in der Glut des Sommers verdorren, der Wald behält seine erquickende Frische und hegt die blaue Flut im satten Waldesgrün. Libellen umtanzen die Ufer, und auf den Wellen wiegt sich die Wasserrose. In den Lüften kreist der Reiher, und aus dem Walde eilt das Wild, den Durst zu löschen."

Dr. Karl Kaser

Gewaschen wurde früher längst nicht so oft wie heute. Neben meist nur kaltem Wasser stand als Waschmittel nur Holzasche zur Verfügung, welche in Wasser und Urin aufgelöst wurde. Die Wäscherumpel und der Schlägel setzten der Wäsche hart zu.

Wäscherin am Misurinasee

Auf der Zufallspitze

„Ist die Spitze erklommen, so springen die Jubelquellen des Herzens als reine Bergfreude dem Himmel entgegen. Mag auch gar oft am hart erstrittenen Gipfel der Höhensturm eisig brausen und neidiger Nebel die Wonne der weiten Aussicht vernichten, es schmälert nicht die Freude dessen, der unerschüttert aus starker Lunge die Luft der Höhen atmet und Herz und Seele erhoben fühlt durch die Allgewalt der hehren Natur."

Dr. Karl Kaser

Am Monte Cevedale, Ortler

Talgrund bei Vent

„Wo sich viel Geröll ablagert und das Gefälle vermindert, wächst die Talsohle unablässig höher.
Die Täler, deren Flanken nackte Felsbrüche zeigen und lockeren Schutt zur Tiefe senden, auf deren Grunde der Wildbach Steintrümmer wälzt und Geschiebe häuft, haben noch nicht das Gleichgewicht der Vollendung erreicht, sondern befinden sich in ständiger Umgestaltung und harren weiterer Wandlung.‟

Dr. Karl Kaser

Mühle bei Vent

Hintertux

„Wirklich Ruhe und Entlastung gewähren aber doch nur die kleinen Ortschaften in einsamen Talwinkeln, in welchen noch unberührte Ländlichkeit zu finden ist. Dort herrscht noch stiller Frieden, schlichter Sinn und natürliche Urwüchsigkeit, dort kann der drillgewohnte Erdenpilger noch tun und lassen, was und wie es ihm gefällt, und kann auch reden, wie ihm der Schnabel gewachsen ist.

Dort kann er noch bloßfüßig und in Hemdsärmeln gehen und seine alten Sachen austragen, ohne von allen Seiten ausgerichtet zu werden. Für den Mangel an gewohnter Bequemlichkeit und Anregung wird er reichlich entschädigt durch die wohltuende Zwanglosigkeit, Einfachheit der Lebensführung und geruhsamen Zeitablauf."

Dr. Karl Kaser

Bergdorf im Zillertal

Sonnendorfer Kinder

„Lasst doch den Wind verweh`n und begraben,
Was wir im Leben geschaffen haben.
Wenn nur dadurch für alle Zeit
Leben besteht und sich Nützlichem weiht,
Wenn nur darüber die Sehnsucht fliegt,
Der Geist sich entfaltet, der Wille siegt.
Und wenn sich nur unsere göttlichen Gaben
Weiter vererben auf unsere Knaben.
Dann lohnt es sich, weiter Burgen zu bau`n,
Und nach lockenden Zielen zu schau`n,
Weil wir durch Kind und Kindeskind
Unsterblich sind!`"

Dr. Karl Kaser

Kinder mit Blumen in Thiersee

Autowäsche beim Seewirt

Der Steyr XVI aus dem Jahre 1928 wäre heutzutage wohl eine Rarität. Die ganze Familie trug zum Glanz des Fahrzeuges bei, auf das man stolz war und das natürlich gepflegt wurde. Der Individualverkehr hielt sich damals noch in Grenzen, wie man an der Nummerntafel leicht erkennt.
Noch mit fast 70 Jahren trat Dr. Kaser gemeinsam mit seiner Frau Alma zur Fahrprüfung an. Seine wesentlich jüngere Frau war aber die talentiertere Autofahrerin. Er erhielt den Führerschein nur, weil seine Frau dem Prüfer versprochen hatte, ihren Mann nie ans Steuer zu lassen. Er ist wirklich nie gefahren.

Vor der Garage

In der Schwemme beim Seewirt

Als Schwemme bezeichnete man den Teil eines Gastlokals, in dem man nur einfache Speisen serviert bekam.
Bei diesem Gast handelt es sich um ein legendäres Thierseer Original.
Peter Sieberer betrieb eine Säge in Thiersee. Der technisch äußerst begabte Mann kannte sich mit Strom gut aus
und machte mit einigen Erfindungen auf sich aufmerksam. Am meisten beschäftigte ihn die Idee des ewigen
Umgangs. Zeitlebens versuchte er, das Perpetuum mobile zu erfinden. In Thiersee ist er bis heute unvergessen.

Peter Sieberer „Sag Peter"

Die Schmiede im Tal

Sie war weitum bekannt wegen der ausgezeichneten Qualität ihrer Sägen, Hacken, Hämmer, Pickel und Schaufeln.

Der Schmiedwirt (zur Schmiede gehörte auch ein Gasthaus) hatte bereits 1898 ein eigenes Elektrizitätswerk in Betrieb genommen. 1921 baute er sogar ein Theater mit Drehkulissen, perspektivischen Hintergründen und elektrischer Lichtanlage in seinem Gasthof ein. Viele volkstümliche Stücke wurden dort aufgeführt. Die aus dem Jahre 1727 stammende Schmiede wurde vom Münchner Hoftheatermaler Hans Fromme als Bühnenbild im dortigen Hoftheater nachgebaut und für die Wagner Oper „Siegfried" verwendet.

Hammerschmiede in Thiersee

Marterl

„Die Waldarbeit der Holzknechte ist gefährlich.
Stürzende Stämme erdrücken die Fäller. Stein- und Axtschläge bedrohen sie bei der Arbeit und schwere Holzschlitten überfahren die unachtsamen Lenker, die in der Blüte ihrer Jahre hilflos verderben.
Ein bescheidenes Marterl an einsamer Stelle ladet in schlichten Worten zum Beileid, und die Waisen des Verunglückten schmücken das Bild mit einem Kranze aus bescheidenen Waldblumen und senden Gebete für den verlorenen Lieben zum Himmel.‟

Dr. Karl Kaser

St. Niklaus bei Ebbs

Am Wirtshaustisch

„Das Wandern ist in jeder Lage
Für sie nur eine Magenfrage;
Der längste Weg ist noch beliebt,
Wenns eine gute Mahlzeit gibt.
Zum Beispiel Brathuhn, Gänsebraten –
Schön knusprig braune mit Salaten
Und einen Strudel wundersam,
Im Reindl voll mit Millirahm.
Zum Schluß mit Schlag Vanilleeis
Und einen Mokka stark und heiß,
So wandert man vorerst mit List,
Damit man stärker hungrig ist,
Und nach dem Essen wandert man,
Daß besser man verdauen kann.“

Dr. Karl Kaser

Im Kramerstübl in Walchsee

Der Sammler

„Aus der Stadt der Fachgelehrte
Sucht im Freien andre Werte:
Sammelt Bälge und Gebeine,
Seltne Pflanzen und Gesteine,
Werkzeug, Waffen, alte Scherben,
Würmer, Larven, Immen, Kerben,
Trotzend allen Hindernissen,
Sucht er Beute für sein Wissen.
Stöbert nach in Sumpf und Büschen,
Lurch und Schlangen zu erwischen,
Jagt, wo Wiesen blumig prangen,
Schmetterlinge einzufangen,
Stolpert emsig hin und wieder,
Trampelt Halm und Blüten nieder,
Was, bei schlechten Sittennoten,
Er den Schülern streng verboten."

Dr. Karl Kaser

Schmetterlingsfänger am Miesberg

Holzknechte am Abendfeuer

„Die Dämmerung unterbricht das Tagewerk der Holzknechte, die in rindenüberdeckten Waldeshütten hausen. Am Abendfeuer rüsten die sonnverbrannten Gesellen ihr karges Mahl, lagern im Kreise, rauchen ihre Pfeifchen und verkürzen mit Sang und Jodeln, Scherz und Schnurren und wohl auch mit ernsten Erzählungen aus ihrem gefährlichen Berufe die karg bemessene Freizeit."

Dr. Karl Kaser

Holzknechte am Feuer

Sommerfrischler

„Ihre Liebe zur Touristik beweisen sie vorerst durch angelegentliches Betrachten der Berge von unten.
Nach einigem Zögern wird der Touristenrock und das Dirndlkleid hervorgeholt, die neckischen Halbschuhe zur
Ruhe gesetzt und die derben Genagelten der Vergessenheit entrissen. Dann geht es auf Entdeckungsreisen in
der Nähe und Weite, durch Felder, Wiesen und Auen, Schluchten und Klammen.
Zum Schlusse werden schneidige Bergfahrten auf den nahen Kalvarienberg und am Ende gar unter Gefährdung
des teuren Lebens durch den glotzenden Stier auf eine höher gelegene Alm gewagt.“

Dr. Karl Kaser

Am Quellenweg

Bei diesem Acker handelt es sich um ein verwildertes Flachsfeld nach einem Gewitter. Der Flachs wurde bei der Ernte einfach ausgerissen und auf dem Feld liegengelassen, bis die Stengel brüchig und damit zur Verarbeitung geeignet waren.

Fischbacher Acker

Handwerksbursch

„Dann tat er voll Begehren
Die Kümmelbulle leeren.
Und zog vergnügt durchs fremde Land,
Er pocht in allen Orten
An die verschlossnen Pforten
Mit seinem Hute in der Hand.
Und war trotz aller Lügen
Kein Trinkgeld mehr zu kriegen,
So nahm er Arbeit fuchsderhol,
Und zog am Handwerksstrange,
Gerade nur so lange,
Bis wieder Geld im Kamisol."

Dr. Karl Kaser

Fast jedes Dorf hatte seinen Wagner und Schmied wie hier, wo beide zusammen unter einem Dach arbeiteten. Der Wagner fertigte Leiterwägen, Kutschen, Pflüge, Eggen, Schubkarren, Rodeln und später auch Schi an und reparierte diese Dinge auch.

Beim Wagner Praml

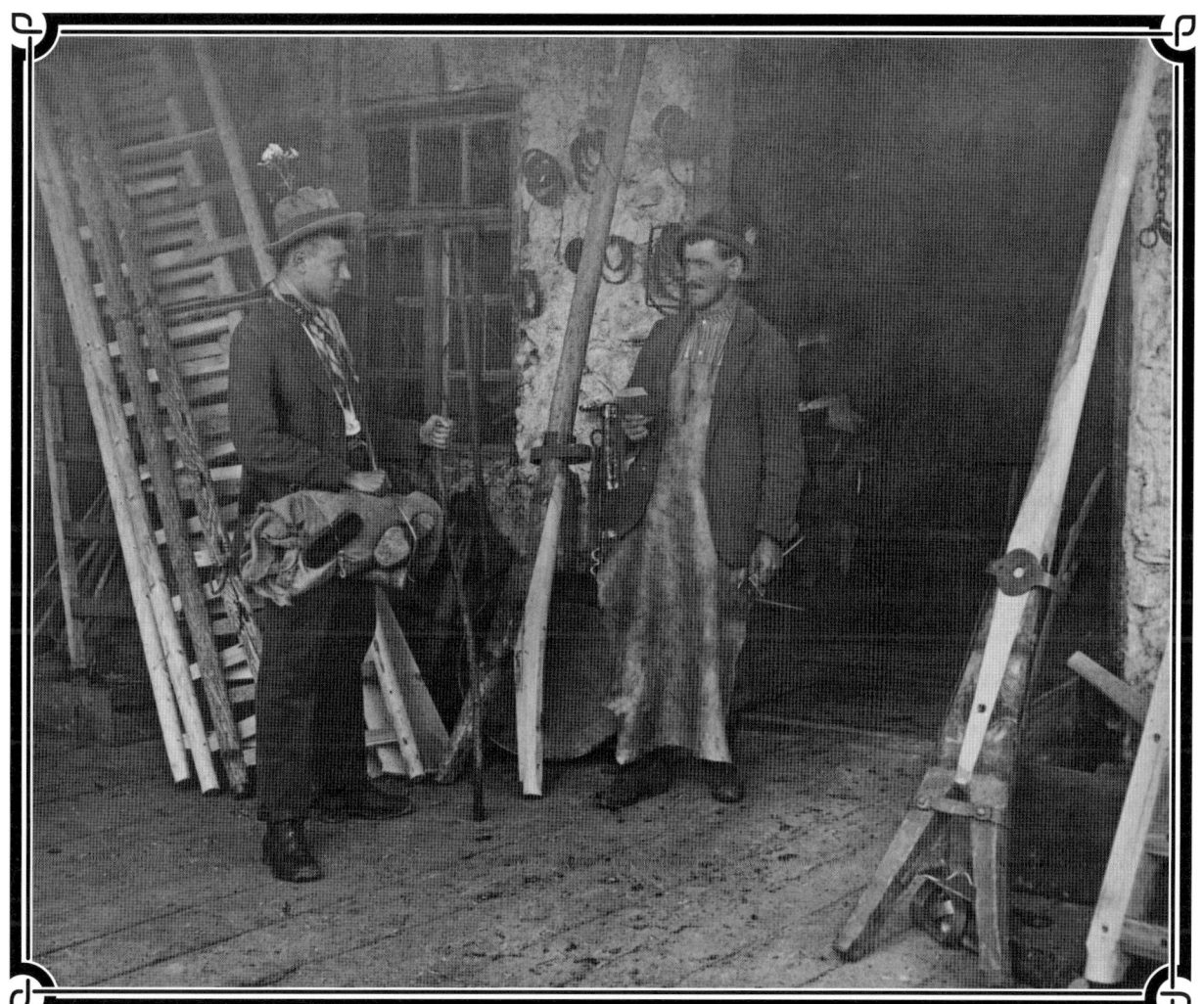

Melanie-Leopoldine Koehler

Geb. 1885 in Wien, gest. 1960 in Stockholm.

Nach der Malschule Hohenberger war sie Schülerin bei Koloman Moser an der Kunstgewerbeschule in Wien (1905–1910). Schon während ihrer Schulzeit wurden ihre graphischen Arbeiten publiziert, u. a. in „The Studio".

Bei der Ausstellung der Kunstgewerbeschule in London hatte sie ihren ersten großen Erfolg. Sie war Mitarbeiterin der Wiener Werkstätten und der Sezession und nahm sowohl an der Kunstschau 1909 sowie an der Ausstellung der Sezession 1919 teil.

Sie beeinflusste nachhaltig die Mode der Wiener Gesellschaft, und ihre Graphiken wurden international bekannt. Viele Künstlerpostkarten der Wiener Werkstätten und des deutschen Schulvereins stammen aus ihrer Hand und erzielen heute bei Versteigerungen hohe Preise.

Der Hauptakzent lag auf modegraphischen Motiven, so entwarf sie auch Theater- und Ballettkostüme.

Gefragt war sie als Illustratorin von Kinderbüchern und als erfolgreiche Werbegraphikerin von Bahlsen und Elida. 1934 heiratete sie und übersiedelte nach Schweden, wo sie 1960 starb.

Am Schwemmkreuz in Walchsee

Am Herd in der Knollküche

„Wer übrigens den verlockenden Wahlspruch: ‚Auf der Alm, da gibt´s koa Sünd‘ auf seine tatsächliche Berechtigung erproben will, kann leicht die schmerzliche Überzeugung gewinnen, dass die Ausübung der Sündenfreiheit nur den Einheimischen vorbehalten ist, während sich der Fremde mit der wenig dankbaren Rolle eines in die Schranken gewiesenen Zuschauers begnügen muss.

Dagegen darf er ohne Bedenken den duftenden Kaiserschmarren am Herdfeuer mitlöffeln, wenn er als Zielscheibe für anzügliche Vierzeiler standhalten kann.“

Dr. Karl Kaser

Am Herdfeuer in der Rauchküche

Umzug

„An allen Ehrenpforten
Empfang in vollem Schmuck,
Aus allen Nachbarorten
Mit Gruß und Händedruck.
Da gibt es viel zu schauen
Von früh bis auf die Nacht:
Die Männer all und Frauen
In alter Heimattracht,
Die jungen, drallen Dirnen,
Im weißen Unschuldskleid,
Die Buam mit krausen Stirnen
Und Augen voller Schneid.
Vereine, Veteranen,
Gemeinde Feuerwehr,
Mit Helmen, Schärpen, Fahnen,
Und Orden kreuz und quer."

Dr. Karl Kaser

Fronleichnamsumzug in Walchsee

Die Post

„Wer sich den Mühsalen einer Eigenwirtschaft nicht unterziehen will und kann, muß draußen Aufenthalt suchen. In früheren Zeiten suchte er das Weite in der Enge eines schwankenden und rumpelnden Reisekastens. Dafür genoß er in vollen Zügen die Romantik mit Peitschenknall und Posthornruf und wurde am Ziele in ländlicher Abgeschiedenheit mit hohen Ehren empfangen.
Für das heutige Geschlecht aber gehört die Postkutsche mehr oder weniger der Sage an, wie auch der Postillion nur mehr in alten Opern und Theaterstücken seine Auferstehung feiert."

Dr. Karl Kaser

Die Postkutsche nach Walchsee verkehrte bis 1908.

Postkutsche vor dem Fischerwirt

Aufstieg zur Alm

Beim Aufstieg zur Alm treffen die Sennerinnen in ihrer Werktagstracht eine Sommerfrischlerin. Mangels Kühlung musste die Milch oben in der Almhütte sofort zu Butter und Käse verarbeitet werden, sonst wäre sie rasch verdorben.

Sennerinnen am Buchberg bei Walchsee

Karnerleut

„Bereits die lieben Ahnen
Verfolgten ferne Bahnen
Mit leichtem Sinn und Überschwang.
Besonders Handwerksleute
Enteilten in die Weite
Aus Wanderlust und Tatendrang.
Sie wollten Neues finden
Und anderes ergründen
Als in der Heimat enger Haft;
Sie suchten voller Feuer
Gefahr und Abenteuer
Auf jahrelanger Wanderschaft."

Dr. Karl Kaser

Karner waren Karrenzieher und Wanderhändler, die mit dem Handel von Früchten, Käse, Essig, Salz, Geschirr, Glas, Kleinkram und Lumpen ihr karges Brot verdienten. Besonders Tagelöhner und verarmte Bauern versuchten so ihr Glück.

Karnerleut bei Walchsee

Josef Loferer (1904)

Viele Bauern trugen damals noch die althergebrachten Sonntagstrachten. Die Lederhose, der Ranzen, das Hemd mit den Silberknöpfen sowie Rock und Hut stammen noch aus der Mitte des 19. Jahrhunderts.
In jungen Jahren war Josef Loferer ein guter Rangler und ging auch sonst körperlichen Auseinandersetzungen nicht aus dem Weg. Eine kleine Landwirtschaft und das Sägewerk bildeten seine Lebensgrundlage.

Josef Loferer, Tiroler Bauer

Stehtrunk

„Straßenstaub und Bewegung erzeugen Durst. Am Wege stehen Wirtshäuser; diese kann der Radler kaum achtlos beiseite lassen, und also wird aus wiederbelebten Kehlen mit einem ‚Prosit der Gemütlichkeit‘ der Lebensfreude lauter Ausdruck gegeben."

Dr. Karl Kaser

Vor dem Kapellbräu

Einzug in die Kirche

Damals um 1910 zogen Männlein und Weiblein noch streng getrennt in die Kirche ein. Außer den Sommerfrischlern waren alle in Tracht. Vor dem Ersten Weltkrieg noch völlig unbekannt, wurde Reit im Winkl in den dreißiger Jahren ein bekannter Kur- und Wintersportort.

Vor der Kirche in Reit im Winkl

Rückblick

„Inmitten der sorgfältig umzäunten Wiesen und der sachkundig bewirtschafteten Äcker liegen zahlreiche reinliche Gehöfte, deren gediegene Anlage von der Wohlhabenheit der Bevölkerung zeugt; gut gehaltene Wege, mit Vogelbeerbäumen umsäumt, verbinden die zerstreuten Siedlungen, zwischen denen einzelne Wäldchen liegen. Allerorts zeigen sich die segensreichen Spuren zielbewusster Arbeit und unermüdlichen Fleißes."

Dr. Karl Kaser

Waidring

In Sankt Johann

„Ganz besonders sind begehrt,
Alte Städte, turmbewehrt,
Die sich ihre Eigenart
Trotz der Jahre Lauf bewahrt.
Gäßchen, klein mit schmalen Engen,
Rundgewölbe, Laubengängen;
Alte Häuser fest und traulich,
Gastwirtschaften, still beschaulich,
Außen düster, innen rein,
Niedre Stuben, klarer Wein;
Solche alten Orte raunen
Nichts von eitlen Modelaunen
Und bekennen alle Zeit
Treu sich zur Vergangenheit.“

Dr. Karl Kaser

Hauptstraße in St. Johann

Kinder am Brunnen

„Ein Brunnen, der Tummelplatz der Kinder und der Leute, die es wieder werden wollen. Die mehr oder weniger unfreiwillige Berührung mit dem Wasser hängt von der Bewahrung des Gleichgewichtes ab.

Wer fordert manchmal auch heraus,
Das Kindervolk zu einen Strauß.
Mit Waffen fließend kalt und naß
Im Ernste halb und halb in Spaß
Bis alle mächtig Wasser schlucken
und um die Wette wieder spucken."

Dr. Karl Kaser

Am Brunnen in Going

Bei Ellmau

„Entlang der rauschenden Ache, die den Wanderer aus dem Fieberbrunner Tal hieher geführt, weitet sich das Tal zu einem sonnigen Becken, das einem gehegten Garten gleicht.
Im großen Bogen, umrahmt von niederen Waldhöhen und gekrönt von den drohenden Zacken des Wilden Kaisers, macht es in seiner andächtigen Schönheit dem Scheidenden den Abschied doppelt schwer."

Dr. Karl Kaser

Heuernte

Kalserstraße

„Durch die wirtschaftlichen Vorteile des Fremdenverkehrs wurden die Mittel bereitgestellt, damit der Zugang zu den Gebirgsgebieten erleichtert und vielen überhaupt erst ermöglicht wird.
Auf neu erbauten Höhenstraßen ziehen die Kraftwagen ganze Scharen von Fremden in die entlegensten Täler und höchsten Siedlungen unserer gesegneten Heimat."

Dr. Karl Kaser

Straßenbau am Glockner

Träger und Tragtiere

„Zur Beschaffung des Proviants für die immer hungrigen Touristen sind Maultiere und Esel geschäftig auf dem Wege. Der Bedarf der höchstgelegenen Hütte wird ausschliesslich auf Menschenschultern kleinweise und mit häufigen Zwischenrasten herauf geschafft.

Der Träger geht auch zu Tale nicht leer, da er die Post mitnimmt, die gar nicht geringfügig zu sein pflegt: ganze Stöße von Ansichtskarten und mitunter auch zärtliche Briefchen mit Liebesküssen und Treueschwüren, welche die Hüttenjungfrauen ihrem Liebsten senden, wenn er längere Zeit grundlos ihrem Fenster ferne bleibt.“

Dr. Karl Kaser

Am Mainzerweg

Alte Mühle

Schon vor dem Ersten Weltkrieg ging die Zeit der alten hölzernen Mühlen dem Ende zu. Sobald die Mühlen nicht mehr im Betrieb waren, wurden sie auch nicht mehr instand gehalten. Rasch war das weiche Dach undicht und das Mühlrad verfallen. Bis auf wenige Ausnahmen sind diese Zeugen alter Handwerks- und Wirtschaftsgeschichte verschwunden.

Mühle bei Kolm Saigurn

Nobel-Hotel

„Die Unterkünfte lassen meist nichts zu wünschen übrig und tragen allen Anforderungen Rechnung. Auch verwöhnte Reisende finden in den mondänen Hotels alles, was ihnen der Großstadtluxus sonst zu bieten pflegt. Musik, Theater, Tanz, Redouten, Bars, Hallen und Feste sorgen dafür, daß die in unzähligen Koffern verstauten Toiletten zur rechten Zeit bewundert werden können und auch sonst nichts entbehrt wird, wovor man eigentlich aus der Stadt geflüchtet ist."

Dr. Karl Kaser

In Bad Bruck

Bei Bad Gastein

„Trotz der hohen Lage bietet das Hochtal ein Bild guten Gedeihens, und zur Zeit der Reife wogen goldene Ähren auf den Feldern, demutsvoll gebeugt von schwerer Frucht.
Vom Wald leitet der gekürzte Weg über Zaun und Hecken. Dem müden Wanderer, der vom Berge kommt, lassen sie das Ende seiner Bergfahrt sauer genug werden."

Dr. Karl Kaser

Bergbauernhof

Im Kötschachtal

„Wer die Weite ausgenossen,
Blickt verlangend stets empor,
Nach den Höhen, dunstumflossen,
In der Ferne off`nem Tor,
Nach den Bildern, die dort winken,
Geisterhaft und schemengleich,
Nach den weltentrückten Zinken
In der Berge Zauberreich.
Lockend treibt das Höhenziel
Ihn zu Fels und ew`gen Schnee,
Zu dem himmelnahen Wolkenspiel
Hinauf zur Höh`!"

Dr. Karl Kaser

Gebirgsdorf im „Malerwinkl"

Getreideernte

Jahrhundertelang änderte sich in der Landwirtschaft kaum etwas. Bis in das 20. Jahrhundert hinein wurde noch fast ausschließlich mit dem Dreschflegel gedroschen.
Erst am Ende des 19. Jahrhundert fand die Dreschmaschine, die meist von einer Dampfmaschine angetrieben wurde, Eingang in die Landwirtschaft. Zunächst nur in Gutsbetrieben und großen Bauernhöfen. Nach dem Zweiten Weltkrieg wurden Dampfer und Dreschmaschine nach und nach vom Mähdrescher abgelöst.

Drusch bei Frankenburg

Im Luckenurwald

„Die gewaltigen Naturdenkmäler der freien Schöpfung mit ihren unberührten Urwaldhallen und ihrem Schweigen, wie sie das Naturschutzgebiet im Luckenurwald seit langer Zeit umschließt, bieten dem Naturfreund Einblick in die Werkstätte der Natur, die überall aus dem Sterben und Vergehen neues Werden erstehen läßt."

Dr. Karl Kaser

Am Falkenstein

Am Dampfer

„Behaglich lehnt der Reisegast,
Am Deck zur Sonnenseite
Und weidet sich bei süßer Rast
Am Fluge durch die Weite;
Die laue Luft umfächelt mild
Des Körpers Weh und Wunde,
Und köstliches Behagen quillt
Im tiefsten Herzensgrunde.
Erschlaffend wirkt der Sonne Schein,
Das Schaukeln lockt zur Ruh`,
Die Seeluft schläfert sachte ein,
Die Lider fallen zu."

Dr. Karl Kaser

Am Traunseedampfer

In der Adamekhütte

„Eine bunte Gesellschaft pflegt sich in den gastlichen
Räumen der Hütte zusammenzufinden.
Beleibte Talschleicher, die sich mit Aufbietung aller
Kräfte heraufgeschwitzt, Hüttentanten und
Grandhotelonkeln, einmal und nie wieder oben,
Rüstige Passbummler und Jochfinken, unternehmungslustige
Bergkraxler und Kletteraffen, planbrütende Schroffenfresser
und Gipfelstürmer, ausgeprägte Übermenschen unter den
Bergsteigern, Gletscherflöhe, hochgerötet vom
Sonnenbrande, Bergfexe aller Art, bekannt als unfreiwillige
Mitarbeiter der Witzblätter, und all die anderen Gestalten,
welche des Hochgebirges süßes Gift gekostet haben.“

Dr. Karl Kaser

Am Dachstein

Bergführer am Dachstein

„Als Verbündete gegen die Gefahren der Berge werden ortskundige Führer bestellt. Männer mit eiserner Zähigkeit und dem gewissenhaften Leitspruch: ‚Ein Führer kehrt nicht heim ohne seinen Herrn.‘
Sie bilden den lebendigen Wegweiser, die Hüter in Not und Bedrängnis und die Helfer bei Krankheit und Unfall. Entbehrlich sind sie nur den Erfahrenen, die durch langjährige Dienstleistung das Heimatrecht im Gebiete der Berge erworben haben und sich auch in schwierigen Verhältnissen allein zurechtfinden können.“

Dr. Karl Kaser

Hans Seethaler d. Ä. 1871–1946 war der Erbauer der Seethaler Hütte (Dachsteinwarte) am Rande der Südwand, die allerdings nach seinem Sohn Josef, der sie bewirtschaftete, benannt wurde. Die Seethalers waren eine bekannte Bergführerdynastie in Hallstatt.

Bergführer Hans Seethaler

St. Ruppert am Kulm

„Bald ist die Hochfläche der Ramsau erreicht, wo der Weg auf einer sumpfigen Blöße über schwingenden Torfboden der kleinen Kapelle von St. Ruppert zustrebt, um deren bescheidenen Bau sich einige kleine Häuschen zusammendrängen.
Noch hält sich die Majestät des Hochgebirges dem erwartungsvoll umschauenden Auge verborgen, doch kündet der kühle Höhenwind, der belebend um die Stirne streicht, den Ahnungsfrohen seine Nähe."

Dr. Karl Kaser

Dorf am Dachstein

Förster

„Sicher haust im Waldbereich
Förster mit den Seinen;
Lebensbilder märchengleich
Sich um ihn vereinen.
Was der Forst an Wunden hegt,
Kann er leicht gewahren,
Was sich hier gemeinsam regt,
Kann er offenbaren.
Keiner nimmt ihm deshalb krumm,
Daß er Fabeln eidet,
Schein und Wahrheit ringsherum
Nicht mehr unterscheidet,
Und begeistert nur allein
Dichtend spricht im Jagdlatein!"

Dr. Karl Kaser

Valtlhaus in Gössl

Bierfuhrwerk

In der Brauerei Zipf wurden noch bis in die fünfziger Jahre Ochsengespanne für den Nahtransport verwendet.

Ochsenfuhrwerk in Zipf

Ueberschneit

„Immer dichter stöbert und wirbelt es vom blaugrauen Himmel. Die Sträucher versinken unter der Schneelast, die Bäume beugen ihre stolzen Häupter, und Haus und Hof verbirgt sich unter den flaumigen Polstern der himmlischen Flocken. Brennende Holzscheite sorgen für behagliche Wärme in den trauten Stuben und wirken auf die nächste Umgebung, die sich mit glitzernden Eiszapfen schmückt.
Im lockeren Neuschnee versinkt der schreitende Fuß und erst die gleitenden Schlitten ziehen breite Furchen, die, von der nächtlichen Kälte gehärtet, unter den Kufen knistern und krachen.“

Dr. Karl Kaser

Bei Mitterndorf im Schlitten

Kornfeld im Mühlviertel

Das Korn wurde mit der Sichel gemäht, zu Bündeln zusammengebunden und als „Kornmandl" zum Trocknen aufgestellt. Danach kam es in die Scheune zum Dreschen.

Bei St. Oswald im Strudengau

Sturzbad

„Im Sturzbad kann man mit Behagen
Den kalten Wasserfall ertragen,
Dieweil die andern darauf verzichten
Und eilends auf das Trockne flüchten.
Sie ernten allseits Spott und Hohn,
Dem Kühnen wird verdienter Lohn,
Man weiß, von ihm wird spielend leicht
Die schlanke Linie erreicht."

Dr. Karl Kaser

Greiner Sturzbad

Überfuhr Grein Tiefenbach

Schon 1857 beschloß die Stadtgemeinde Grein, eine Überfuhr für den öffentlichen Verkehr zu errichten, als Verbindung nach Amstetten und zur gerade errichteten Kaiserin-Elisabeth-Bahn.
Die 1858 dem Verkehr übergebene Fähre hing an einem in der Donau verankerten Seil und konnte unter Ausnützung der Strömung durch bloße Betätigung des Steuerruders von einem Ufer zum anderen geleitet werden.

Donau-Fähre bei Grein

Feldarbeit

„Man passt der Landlichkeit sich an,
Begibt sich früh zu Bette;
Wenn zeitlich morgens kräht der Hahn,
Besucht man schon die Mette.
Man bindet Korn und spaltet Holz;
Man werkt mit Beil und Sicheln
Und ist auf seine Leistung stolz,
Wenn auch die Bauern sticheln.
Man senst das duftig süße Heu
Und wendet seine Schwaden
Und ist zum Schlusse auch dabei,
Die Fuhre hoch zu laden.
Und ist das schwere Werk vorbei,
Und schmerzen auch die Glieder,
Man freut sich solcher Plackerei
Und legt sich selig nieder!"

Dr. Karl Kaser

Bei der Gobelwarte

Malerwinkel

Diese Stelle, Malerwinkel genannt, war ein beliebtes Motiv für Maler und Photographen und wurde so weitum bekannt.

Anlegeplatz in Dürnstein

Radfahrergruppe

„Der moderne Sportbetrieb hat zwar das Fahrrad so ziemlich auf den Eigenbedarf beschränkt, aber Unabhängigkeit vom Massenverkehr, rasches Vorwärtskommen und Zeitersparnis vereinigen noch immer Gleichgesinnte zu gemeinsamen Fahrten auf einsamen Straßen, um auf geräuschlosen Sohlen dahinzugleiten und die langsam vorbeiziehenden Landschaftsbilder gemächlich auszukosten."

Dr. Karl Kaser

Radfahrer bei Dürnstein

Holzsammler

„Ohne mörderische Axt und freiwillig spendet der Wald eine Fülle nützlicher Gaben: Reisig und Bruchholz, Eicheln und Streu, Tannenzapfen, Bucheckern und süße Haselnüsse, Zierblumen von zartester Schönheit, heilkräftige Kräuter, köstlich duftende Beeren und wohlschmeckende Waldpilze, die nach warmen Regengüssen so zahlreich aus der Erde schießen, als wären sie von einem wundertätigen Waldgeiste hervorgezaubert worden.“

Dr. Karl Kaser

Holzsammler bei Laab

Am Waldesrand

„Im warmen Tale haben die Wälder ihre neuen Kleider angetan. Die Baumknospen verlängern sich zu saftigen Trieben, die krausen Blättlein glätten ihre Falten und strecken sich zur vollen Größe.
Immer dichter wird das Grün der Büsche und über die Nester der Vögel baut sich ein schützendes Dach.
Die Buchen bilden geschlossene Hallen mit strahlender Lichtfülle in den Wipfeln und goldig grüner Dämmerung am Boden.“

Dr. Karl Kaser

Mädchen bei Kaltenleutgeben

Ausflügler

„Junge Menschen schlagen die Bücher zusammen und
ziehen mit Sang und Klang hinaus.
O wandern, wandern, du freie Burschenlust,
da weht Gottes Odem so frisch in der Brust.
Sie streifen durch die Auen und preisen sich glücklich
in freier Natur und vergessen, daß es Professoren und
Prüfungen gibt."

Dr. Karl Kaser

Wanderer im Lafnitztal

Bildbände von Dr. Karl Kaser

Leopold Riegler – Grein an der Donau

191 Seiten mit 40 Bildern von Dr. Karl Kaser, Grein 2005

„Profifotografen können auch 2005 keine besseren Motive wählen." (Perger Rundschau)

Dr. Karl Kaser – Knipsereien aus Walchsee

176 Seiten ,78 Bilder, Walchsee 2005

„Das vorhandene Bildmaterial legt ein eindrucksvolles Zeugnis über sein Schaffen ab." (Aktuell im Kaiserwinkl)

Dr. Karl Kaser – Vom Brenner ins Zillertal (1904)

176 Seiten, 80 Bilder, Mayrhofen 2007

„Die historischen Photos sind einzigartige Dokumente vom Beginn der Bergsteigerei." (Tiroler Tageszeitung)

Günter Egerbacher, Daniela Pirchmoser – Sommerfrische in Thiersee

160 Seiten, 80 Bilder, Thiersee 2007

„Künstlerisch wertvolle Urlaubs-Zeitdokumente des Wiener Rechtsanwalts und renommierten Photographen Dr. Karl Kaser." (Bezirksblätter Kufstein)

Dr. Thomas Bertagnolli – Erinnerungen an das untere Inntal

176 Seiten, 80 Bilder, Kramsach 2008

„Eine Vielzahl seiner Bilder weist Anklänge an die Genremalerei der Romantik auf, in welcher sich zur Wirklichkeit der liebliche Charme der Poetisierung hinzugesellt ..." (Klaus Markovits, Autor des Buches „Tiroler Bauernhöfe")

Dr. Karl Kaser – Wie es früher einmal war. Kössen im Kaiserwinkl

160 Seiten, 74 Bilder, Kössen 2009

„Der Betrachter wird auf den stimmungsvollen Photos in eine beinahe verzauberte Welt entführt, die nah und doch unendlich fern scheint." (Kitzbüheler Anzeiger)

Dr. Karl Kaser – Das Dachsteingebirge in historischen Aufnahmen

176 Seiten, 80 Bilder, Hallstatt 2011 (Neuerscheinung)

„Eine Fotoserie, die durchaus in einem Atemzug mit der Dokumentation Simonys genannt werden darf." (Karl Wirobal, Kustos Museum Hallstatt)

Ortsverzeichnis (Bilder)

Regionen